身も心も酔って

飛鳥二十八日間の旅

Kosaki Harue
小崎春枝

文芸社

*目次

第一章

夫とともに夢の飛鳥へ

ビギニング

三年前、「飛鳥で迎える西暦二〇〇〇年の旅」が日経ビジネスの新製品コーナーに掲載されていた。主人が常々いつか船でのんびり旅がしたいと言っていた事もあって、ピピーッとひらめいた。

日本旅行が企画した世界で誰よりも先に二〇〇〇年を迎える十二月から一月にかけての二十八日間の船旅だった。これはしめた、七月が主人の定年だからちょうど良い、これは行けるのではと話すと、主人も読んで考えていたとのこと。すぐに「パンフレットを取り寄せたら」と言った。

次男の友達が日本旅行に勤めていたので、次男に話してみると、「パンフレットを取り寄せるんだったら、申し込んでね」と言われ、主人が「いいよ」と、はずみで簡単に答えた。

主人は十年前、下肢にできた動脈瘤で十回近く手術して、その後人生観が変わったようだし、年齢を重ねてますます優しい顔になった。余り運動ができないためか筋肉もたるみ、顔まで丸くなって自然体で生きている。大病後の人生をおまけのように想ってか何でも挑戦したい様子だった。それで決まり。パンフレットを取り寄せると費用は一括払いと積立方式とがあった。

積立をする事にした。早速日本旅行から、申込書等が送られて来て、パスポートも必要となり、主人は、はじめてのパスポート申請をした。この際二人して十年間有効のパスポートを取った。急に夢が近づいた気がした。目標ができ、心が浮き立った。

定年

満六十一歳の誕生日前日の七月三十日が定年であった。帰宅したらどのように迎えようかと考えていたが、ありきたりのパターンになってしまった。たまたま金曜日だったもので、次男がお花と珍しいお菓子にプレゼント用のポロシャツを抱えて帰って来て、華を添えてくれた。

「ポロシャツ一番いい物買って来たんだよ。お菓子も一番美味しそうなのを買って来たから」

とたてつづけに話した。次男のあふれんばかりの気持に感激した。主人も生まれてはじめて、両手で持てないくらいの大きな花束を会社で頂き、かかえ込んで帰って来た。長男夫婦からもお祝いのメッセージが届いていて、私も主人が「ひまわりの花もいいネ」なんて言っていた事を思い出し、いつもより多目に買って花瓶に入れておいた。めったに見ない主人の満面の笑みと感慨無量の表情から人生最高の充実感を味わっているのが伝わってきた。その時をフィルム一本分カメラに収めた。

四十年近い会社人間とのひと区切りに感動した。四十年は今ふり返れば長くもあり短くもあったでしょう。その間二年半というもの大病に苦しめられた時期があった。命拾いもした。よくもまあ定年までお勤めできたものかと思うと、多くの方々のお蔭と感謝せずにはいられない。

そんな主人と私へのプレゼントが「飛鳥二十八日間の旅」であった。

買物

十一月頃から、毎週のように土日になると上大岡にある京急百貨店まで、旅行に関しての買物に二人で出かけた。

「フォーマルウェアがいるね」とか「タキシードは旅行後も着る機会などないからダークスーツにしよう」とか、はやる心をおさえながらの買物であった。

靴やパジャマは、今まで着ているのじゃなく若々しいのがいいと、斬新なデザインのを買ったり、いつもより気持が若い主人を感じた。しめしめ、こうでなければ、と思った。

荷造り

十二月のはじめ、乗船券と荷物を出す時の送り状や赤字で〝ＡＳＵＫＡ〟と書いた大きな荷札が郵便で届いた。いよいよ旅も目前となった。十二月十八日、日通の宅配便で横浜埠頭の飛鳥宛に荷物を出す事となった。〝飛鳥〟――夢のようだわ。主人も嬉しそうだ。

十二月十七日、ちょうど休日だった。主人と半日がかりで荷造りした。長男が十日ほど前に大きなトランクを貸してくれたのと、今回カタログ販売で大中小三個セットのトランクを買ったのと、家にあるトランクと、三個の大きなトランクにあれもこれもと、今年の八月、九十歳で亡くなった母の形見で、母がよく首に巻いていた母の匂いのするスカーフもトランクの底にそっと忍ばせた。スーツから洗濯バサミやハンガーのたぐいまで詰め込んだ。

「こんなにトランクいるの」と主人は言っていたが、入れかけると三個とも満杯になった。狭い玄関がトランクでいっぱいになり、訪れた人が何事かと思われるほどだった。

はじめての船旅で二十八日間、それも冬物と夏物が必要となると、すごい荷物になった。

お餞別

いつもお世話になっているお隣りの緒方さんから思いがけなくお餞別を頂き、感激。いただいたカードからは、緒方さんのやさしさや素敵な生き方まで感じ取れた。素敵なご夫婦に感謝。

「いよいよクルーズの旅のはじまりですね。大海原を眺めながらしばらくの間、会社の事、家庭の事、わずらわしい世間の事などを忘れてのんびりリフレッシュして来て下さい。

船内でのイベントには積極的に参加されて充分に楽しんで来て下さい（ダン

スもネ)。

くれぐれも御身体には気をつけられて、すばらしい幸せいっぱいの記念旅行になります様に祈っております」

緒方さんからの、ほんとうに心暖まるメッセージでした。

旅立ち

一九九九年十二月二十二日。いい目ざめであった。うれしい! お天気に恵まれた。

九時半、長男から十時過ぎにはそちらに着くからと電話が入った。横浜まで車で見送ってくれる事になっていた。有難い。最終チェックをして、玄関を出て、お隣の緒方さんにお声がけをしてと思ったら、ちょうど緒方さんが出て来て、私の手荷物を持って四階から下まで降りてくださった。これからの留守をお願いして出発した。横浜まで高速道路を通って四十分くらいで横浜港大桟橋客船ターミナルに着いた。

飛鳥が見えた。心が弾む。海からの風が少し冷たい。乗船前に、先ず飛鳥を入れて写真をパチリ。見送りの人は乗船できないため、長男と別れる。受付けをして、乗船口へ向おうとした時、日本テレビの取材を受けた。主人曰く、

「何も考えないでのんびりして来ます」

私は、

「心をからっぽにして楽しんで来ます。また、主人が定年になり、人生の一つの区切りとして、第二の人生への出発にしたいです」

と答えた。少しミーハーでした。

桟橋を渡り、いよいよ飛鳥へ乗船。入口では、飛鳥のスタッフの方々が赤いアロハシャツでにこやかに出迎えて下さった。エレベーターで九デッキの九三二室へと案内された。九デッキでエレベーターのドアが開くとものすごーく大きな明るい色彩の絵が目に飛び込んできた。壁画であった。壁画をくぐるように、模様の入ったエンジ色のジュータンが敷きつめられて廊下になっていた。

両側に部屋が並んでいる。各入口のドアにはクリスマスリースが飾ってあり、中に入ると左に洗面所・バス・トイレ、その並びに大きなクローゼットがあり、その前には大きな鏡つきのデスク、続いてソファーと小さなテーブルがあった。テーブルの上の一輪挿しに飾られた白いオーニソガラムの花が私たちを迎えてくれた。

これから二十八日間お世話になる部屋だ。とても明るく素敵な部屋。十八日に出した大きなトランク三個がすでに部屋に届いていた。少し荷ほどきして一時四十分になってから、七デッキのプロムナードまで行った。もうすでに沢山の人が出ていた。しかし、見送りの人達はまだ見送りの場所に入れないらしい。

飛鳥のすぐ下では横浜市の楽隊が軽快で賑やかな音楽を演奏して出航を祝ってくれた。一時五十分、見送りの人達が桟橋に入ってきた。主人が長男をすばやく見つけた。一人一個ずつ紙テープをいただく。見送りの人に届くようにテープはそれぞれ投げられたが、残念ながら数えるほどしかテープは見送りの方々には届かず、楽隊の前や海に落ちてしまった。歓声の中、赤や緑、黄色や紫と色とりどりのテープが浜の風を受けて、弧を描き、太陽を受けて、キラキラ輝き、楽隊の音楽と絶妙にマッチして、心がワクワクした。船旅で一番ドラマチックな光景である。テレビや本では、見た事があるが、まさか自分が船に乗って、テープを持つとは思ってもみなかったことである。

いよいよ出発。二時、飛鳥はドラの音と共に岸壁を静かに、滑るように、二百二十名の夢と希望を乗せて出航した。

※『飛鳥』の壁画

九デッキの部屋へ案内される時エレベーターから出たとたん目に飛び込んできたのが壁画「季の奏」であった。大きい、明るい、あたたかい、なごやか、繊細、おしゃれ、東洋的、夢と希望、躍動感、包容力、まだまだ感じられる、見ていてほっとするものであった。アスカデイリーにも紹介されていた。

田村能里子画伯の描かれたもので、大きさは、高さ一〇メートル、幅九メートル。飛鳥の里の四季が描かれて、六デッキから九デッキまでの四段に、それぞれの季節を通して自然と人との交流がテーマになっているとのこと。九デッキで最初に目にしたのが不死鳥でした。

季花が咲き乱れ生命の象徴、美の天使である不死鳥が飛び立っている様子が描かれていた。

田村能里子画伯のお話では、「激流にも似た二十世紀を行き着くまもなく駆け抜けてきた人々がふと立ち止まる時、限りない安らぎと心地よさを覚えるような『美』の想像こそが壁画の最大の目的です。誰の心にもある懐かしい光景、母の胸の甘い匂い、壁画と対話することは、もう一人の自分と対話することでもあります」

なるほどなあーと感心したものです。

船酔

乗船当日の夜から、来るものが来た。三半規管が弱いのか酔いやすく、特に

恐縮ですが
切手を貼っ
てお出しく
ださい

1120004

東京都文京区
後楽 2－23－12
(株) 文芸社
ご愛読者カード係行

書　名			
お買上 書店名	都道府県　　市区郡　　　　　書店		
ふりがな お名前		明治 大正 昭和　　年生　　歳	
ふりがな ご住所	□□□-□□□□	性別 男・女	
お電話 番　号	（ブックサービスの際、必要）	ご職業	

お買い求めの動機
1. 書店店頭で見て　2. 当社の目録を見て　3. 人にすすめられて
4. 新聞広告、雑誌記事、書評を見て（新聞、雑誌名　　　　　　　）

上の質問に 1. と答えられた方の直接的な動機
1. タイトルにひかれた　2. 著者　3. 目次　4. カバーデザイン　5. 帯　6. その他

ご講読新聞　　　　　　新聞　｜　ご講読雑誌

文芸社の本をお買い求めいただきありがとうございます。

この愛読者カードは今後の小社出版の企画およびイベント等の資料として役立たせていただきます。

本書についてのご意見、ご感想をお聞かせ下さい。 ① 内容について ② カバー、タイトル、編集について
今後、出版する上でとりあげてほしいテーマを挙げて下さい。
最近読んでおもしろかった本をお聞かせ下さい。
お客様の研究成果やお考えを出版してみたいというお気持ちはありますか。 ある　　ない　　内容・テーマ（　　　　　　　　）
「ある」場合、弊社の担当者から出版のご案内が必要ですか。 希望する　　希望しない

ご協力ありがとうございました。


〈ブックサービスのご案内〉

当社では、書籍の直接販売を料金着払いの宅急便サービスにて承っております。ご購入希望がございましたら下の欄に書名と冊数をお書きの上ご返送下さい。（送料１回380円）

ご注文書名	冊数	ご注文書名	冊数
	冊		冊
	冊		冊

船は苦手であった。夕食と酔い止め薬も全部吐いてしまった。少し夜の海を眺めたくてベランダに出ると、夜風が頬に心地良く、月は満月で海面は金色に輝き、ロマンチックな気分にひたれたけれど……。

翌日も頭がボーとして、朝食ぬき。十時からの避難訓練に、出なければならないと言うけど、とても出られない。今まで船酔なんかした事がなかった主人が少し気持が悪いと言い出した。それでも十時の訓練に間に合うようにと胴衣をつける。

そこへ客室メイドのメルさんが来てくれた。わざわざ呼びに来てくれたのだけど、結局二人共参加できなかった。その後、主人はだんだん回復したが、私に至っては果てしなく、旅行中の三分の一は、船酔をしていた感じだった。それでもはじめての船旅にしては、良い方だったのかな……。

京都のお二人

京都のご夫婦にお会いしたのは、三日目のディナーの時であった。十数歳ご年長かなと思われる感じの良いお二人が、もう席についておられた。主人が「よろしいでしょうか」とスーッとお隣の席についたので、私も向いの席に着いた。お話していると京都の方で奥様のお歳は七十三との事だった。主人が「京都にいる私の姉と同じ年で姉とよく似た感じです」と言った。

「姉には小さい頃から世話をしてもらって頭が上がらないんですよ。姿や背丈も同じくらいで、ぽっちゃりと丸顔でふくよかなところも……」

と言いながら、急に親しみを感じ話に花が咲いた。

お二人は、金婚式を迎えられた記念に、飛鳥に乗られたのだそうだ。ご主人は背が高く、ダンディな方で、奥様より三つ四つ上の七十五歳を少し出ておられるようで、商売をしていらっしゃるとのことだった。とてもそんなお歳とは思えないしっかりした方だった。ずっと働いてこられたご様子で、今だに現役のようだ。奥様は、働き者のように感じた。十日目くらいから、

「何もする事がなくて退屈でしょうがないし、早う帰りたいわ」

とよくおっしゃった。私は私で、船酔が多く、早く帰りたいくらいですと、それぞれ理由は違うけど、贅沢な事を平気で言ったものだ。船内での手芸や、ゲーム、手品とご一緒させていただき日毎に親しくなっていった。

とても、やさしいお姉さんのようで有難かった。

船上の日々

第二章

十二月二十二日　（晴）

四時三十二分日没。茜色に染まった海と空は感動の余韻を残し、水平線上に姿を消した。沈みかけると、アッという間のでき事であった。何とも神秘的である。思わず心の中で手を合わせ、これからの旅の無事をお祈りした。

十二月二十三日　（晴）

夜中三時頃工事をしているような音で、目がさめた。その後、明け方まで寝れなかった。主人はスヤスヤと眠っている。朝方すーと寝たのか、起きたら七時だった。頭痛がして、起き上がるとまだ気持悪い。主人一人で朝食に行った。戻って来てまもなく主人が気分が悪いと言い出した。

二人して避難訓練は不参加。昼食も結局二人して行けなかった。お昼過ぎ、ようやくシャワーでもという気になった。シャワーをしたら、少し気分良くなり、お腹も空いてきて、ちょうどティータイムの時間だったので、十デッキのリドデッキまで出かけた。船の首あたりというところで、ピアニストのアダムさん（アメリカの人かな）の素敵なピアノの音色の中で紅茶とケーキをいただいた。見渡す限り水平線に空と紺碧の海。主人いわく「最高の贅沢だね」と、ほんとう夢のよううと言いながら涙があふれ出た。

〝お父さん、ありがとう〟いつも時間やお金の事を気にするけど、今回の旅は何も考えなくて良い。こんな贅沢をさせていただいて……と感極まった。

夜は、船長主催のウェルカムパーティーが行われ初めてのフォーマルウェアに着替えた。主人はダークスーツに、お気に入りの黄色を基調にしたネクタイ。私はアイボリーのレースの上衣に、エンジ色のロングスカートで決めた。六デッキのグランドホールで行われているパーティーに少し参加して、その後五デッキのフォーシーズンで夕食。

土浦のKさんのご主人が、明るくてお話が上手で、とても楽しかった！　写真も撮って下さったりして、気持良い時間を過ごせた。フランス料理のフルコースで、普段は全然飲まないビールを主人と二人で一本飲みながらの食事。時間の経つのを忘れてしまった。そのうち、まわりのテーブルには、人が居なくなり、ボーイさんが忙しそうに後片付けを始めていた。いい気分で、六デッキのグランドホールへ。飛鳥専属歌手でアメリカ人のタミーシャフさんのコンサート。タミーシャフさんのことを親しみを込め日本名にしてタミ子さんと呼ぶと教えてもらった。

声量が豊かで、明るく、美人の上、スタイル抜群の華やかなタミーシャフさんのショーに、皆んなうっとりしていた。終って部屋に戻れば、ベッドは、きちっと整えられ、後は洋服を着替えて、ゆっくりくつろぐ。夕方のベッドメイキングの時毎日届けられる「アスカデイリー」を読みながら明日のスケジュールを決める事にした。「アスカデイリー」には翌日のスケジュールや夕方五時以降の服装のこと、ディナーショーの紹介、船の事、日の出や日没時刻等情報や知識が満載されていた。

余りにも日常と違い、こんなことしていていいのかしらと思うくらいだ。

十二月二十四日

六時三十五分起床。残念、曇っていて日の出は見えない。身仕度の後、七デッキプロムナード一周三七〇メートルを三周散歩。はじめての朝食に行く。パン、生野菜、コーヒー、みかん、いちご、すいか、柿、メロンと春夏秋冬の果物が盛られている。食後お天気に恵まれ、パターゴルフをするが、船が揺れて、なかなか難しい。

飛鳥は、硫黄島の近くを航海中であった。日本の自衛隊の人が、五〇〇人くらいいるそうだ。戦争中Ｂ29は、あそこから、飛び立ったとのこと。京都から来られた方が双眼鏡を貸して下さった。低い建物とタンクのような物が見えた。ヘリコプターが飛び立っていた。

私が生まれて、まもなくの太平洋戦争で、日米合わせて二万七〇〇〇人近い人が亡くなっている島、今は東京都小笠原村だそうだが……見る角度によって、おもしろいのは最初バットのように見えた。先の方が、少し小高く丸みを帯びていて、手で握るところあたりが狭くなり、急に少し山ができて、バットが横たわっているよう。手で持つ下の山は近づいてみると、すり鉢のようになっていた。お年を召した方が話しておられたが、沢山の日本兵が追われあの中に逃げ込んだもののほとんどがやられた。中には助かった人がいたと思うが……と。沢山の犠牲者が、硫黄島には眠っているそうだ。戦死された方の背後におられるご家族等、多くの人の気持を理解するには、余りに深過ぎて難しいが、ただ安らかにお眠り下さいと祈るしかできなかった。

気分良くなって、はじめての洗濯をした。洗濯室には全自動の洗濯機と乾燥機が、十数台ずらーっと並んでいて、三台のアイロンも備わっていた。洗濯ぐらいしかする事がない。

その後飛鳥探険のため、ライブラリーへ行った。飛鳥の中で、一番豪華なところであった。落着いたヨーロッパ調の調度品が並べられていていてリッチな気持になれた。小説から趣味の本、雑誌等いろんな本がある。「飛鳥」を描いた絵とか寄贈品も多かった。

夕方からは、インフォーマルとのことだった。主人は、紺のブレザーに紺地に黄色やオレンジの小柄のネクタイ、私は大きな花柄のスーツを装う。クリスマスイブということもあり、皆さん素敵に着飾っていらっしゃった。今日もフルコース。京都のご夫婦と一人で来ていらっしゃる女性三人とで七人のテーブルになった。京都の人は、結婚五十周年記念で来られたとても人の良さそうなご夫婦。お料理の牛肉は、とても柔らかく、美味しかった。主人がしきりに、カロリーの取り過ぎで、肥るなあーと、呟やいていた。仕事はしないし、運動もやっているうちに入らないし、明日から低カロリー食にしようと、体重を気にしていた。その後グランドホールに場所を変えて、クリスマスショーのお楽しみになった。

手が届くほど近くで、飛鳥専属シンガー、タミーシャフさんとプロダクションキャストとハワイアンバンドのナ・モロカマのそれぞれ華やかなショーが繰り広げられる。主人に、ぶったまげたでしょうと聞くと「うん」と言いながら、楽しんでいる様子。

主人は、音楽の大好きな人だけど、このような華やかなショーは、きっとはじめてだと思うから、ほんとうに良かった。

十二月二十五日

七時三十分起床。身仕度をしてプロムナードデッキへ散歩に出かける。遠く水平線の辺りで、スコールがある様子。暗い雲が、下りて重そう。ふと東の空に七色の虹を見つけた。両端だけしか見られなかったが、とにかく大きな虹だった。部屋に戻って来たとたん、突然の鼻血。口から血液の固まったものが出てきたりして、驚いたのなんのって、もう心配と不安で、ベッドに横たわったまましばらく起き上がれなかった。楽しくて、体もリフレッシュしているようだけど、常に振動の中での生活で、目に見えないところで、相当のストレスを感じていたようだ。休んでいると主人がふと、客室メイドのメルさんにクリスマスプレゼントをしようと言い出した。

のし袋に、メリークリスマスと書いて、気持ちだけドルを入れて渡した。メリークリスマスといって喜んでくれた。メルさんはフィリピンの人で、いつもにこやかで感じの良い三十過ぎの女性だ。独身かと思っていたら結婚して子供さんがいてフィリピンでご主人とお母さんが面倒見ておられるとのこと。飛鳥に一度乗ると何カ月も帰れなく寂しいです、と話してくれた。最初に船酔をしているから、いつもやさしく、「ママさん、大丈夫ですか」と、気づかってくれた。メルさんにはいろいろ教えられた。素敵な女性である。

部屋掃除をしていただく間、スカイデッキへ行った。気温二十六度くらいあり、少々蒸し暑い。プールのところで、次男が喜ぶ顔を見たいと思い、タイタニックの真似をして写真を撮った。心配していた鼻血も止まって、ほっとした。夕食後は、高橋伸寿さんのジャズコンサートであった。六十四歳とは思えない若さで、とにかく元気。パンチの効いた声で、素晴らしい。主人、いわく「役者だなあー」と感心しきり。

十二月二十六日

九時十五分グアムに到着。早朝グアム島が見えた時は、ほんとうに嬉しかった。ようやっと大地が踏める、と。船は常に振動しているため、身体が疲れるようだ。主人に「酔うと思うからだよ」と言われてしゃくにさわるけど、気持悪くなってくるものは仕方ない。

アメリカ入国である。オプショナルツアーでトロピカルフルーツ園へ。総勢といっても八名であった。私達二組の夫婦と七十半ばの先生をしておられた男性一名。それと絵が趣味のおしゃれなKさんと人懐こいMさん。ちょっとお身足がご不自由な七十過ぎのAさん。とてもお元気で飛鳥を降りて、十日ほどしたらまた、船旅に出るとのこと。三人の女性は旅慣れておられる様だった。農園では屋根付きの馬車のような乗物でひとまわりした。

第二次世界対戦の終わりを知らずジャングルに隠れ住み戦後大分経って帰還された、あの横井さんがずっと住んでおられた場所もあって、驚いた。ヤシやバナナの大木が茂っていた。ヤシの実を割るデモンストレーションがあった。とにかくいろんな果物の木があって、実がなっているものも多かった。最後にいただいた木で熟したバナナは、日本で食べるのと違って甘さも香りも良く美味しかった。ラムジュースも美味しかった！　おかわりができ、皆んな何杯も飲んでいた。

グアムはあまり高い山はなく、海の色が最高。コバルトブルーというのか、それの濃淡でボカシが効いていて抜群であった。

十五時飛鳥に帰って来た。明るいうちに、十デッキの大浴場へ行った。ジャグジーやサウナもありで、すごい！　お湯から上がると鏡の前には、化粧品がズラーと並べられていて、いたれりつくせりの感じ。

夜は、六デッキのシアターで、映画「モンタナの風に吹かれて」を観た。人と人、また馬との愛の物語で、モンタナの広大な自然の中でくり広げられる、親子、男女、馬との心のふれあいが、観る者の心をキュッとさせた。夜中十二時、飛鳥はグアムを出航した。映画の興奮でなかなか寝つけなかった。

十二月二十七日（晴）

今日から、ハワイまで一週間終日航海。

船長さんの朝の放送で、昨夜、グアムを出航する時、南十字星が見えましたとのお話があり、ものすごーく残念に思った。

絵手紙の先生から、南十字星を観ていらっしゃいよと言われていたのに。それに昨夜は寝つけなかったので観られたのに……。その後ハワイまでは貿易風に向っての航海で波は荒く、それどころでなくなり、そのうち南十字星の位置が水平線の下の方になって観る事ができなかった。

体調すぐれず、一時半頃ルームサービスでおかゆを頼んだ。おかゆと梅干とゆかりに西瓜、ぶどう、みかん、メロンまで客室メイドさんが持って来て下さった。お腹も少し空いて、とても美味しかった。

午後は、少し良くなり、ブリッジが開放されたので見学に行った。総て、コンピューターで操作されているため、常に舵を取らなくてもいいとのこと。記念に船長さんの帽子を拝借してプロの人に写真を撮ってもらった。

お正月用の大きなお飾りがしてあった。神棚に水の神様の諏訪神社が祀られていた。さすがに日本の船。伝統文化がきっちり守られている。船のいたるところに羽子板、獅子、凧などが飾られ、五デッキのフォーシーズンダイニングルームの入口には直径五十~六十センチはありそうな大きな門松が立ち、松の緑が瑞々しく、気持ちまで引き締まった。二〇〇〇年を迎える準備が万端整いました。

十二月二十八日（晴）

十時からグランドホールで船長さんのよもやま話を聞いた。日付変更線のこと、なぜ時間差調節が必要かを図に描いてわかり易く説明して下さった。午後は三時から八デッキでもちつき大会が行われた。ＴＢＳのカメラマンも来ていた。なるべく写らないように遠くにいた。

立派な石臼と杵の太いのと細いのが用意されていた。ハッピ等も用意され、希望者は、それを着て餅つきができた。参加される人はだいたい決まっていた。一番は船長さんがついた。すでに、あんこ、きなこ、大根おろし、おしるこ、あべ川と用意されていて、食べたいだけ食べられた。調子よくいただいたものでお腹がすかなくて夕食にも行けなかった。

八時頃お腹が空いて、ルームサービスで焼おにぎりをお願いした。九時から映画「レジェント・オブ・フォール」を観た。いつもより多くの人が入っていた。一度観た映画だったけど、何度観てもいい映画だった。ブラッド・ピットが果敢に人生に立ち向う役は、はらはらもしたけど、魅力的だった。

十二月二十九日（晴）

酔い止め薬の常用のためか頭がボーとしている。今日はエンジン室の見学ができる日だった。主人が見学に行くというのでついて行った。電気は自家発電、水は海水を温めて蒸発させたもの。造水された水は蒸留水のため塩素とミネラルを加え殺菌と硬水化を行い、清潔でおいしい水として供給していますと説明があった。騒音と熱と船の揺れの中で、お仕事している人もおられた。エンジン室はものすごく大きな機械ばかりでほとんどがコンピューター操作とのこと。お陰で贅沢させていただいている。船の中のことも少しずつわかってきた。

ビスタ・ラウンジでは、ピアノの演奏と今日は日本的な煎茶とほうじ茶、玄米茶におまんじゅうで楽しい時間を過した。

十二月三十日　（晴）

グアムとハワイの中間あたりまで進んだ。今日から時計の針を一時間進めた。これで日本時間より三時間進んだことになる。

今朝も体調不可である。

今日は特別海のうねりが大きく、とても気分が悪い。それでも午後足のマッサージに行ってみると、案の定胃の中のものを戻してしまった。血液が混っていたのか赤いものがドッーと出てびっくり。すぐに部屋に戻りベッドへ直行。

主人も少しすぐれない様子。二人共夕食に出られず、八時頃、お寿司をオーダーして少し食べた。

落ち着いてきたので、フォーマルウェアーに着替えて、グランドホールへショーを見に行った。とても派手な衣装で軽快なリズムの踊りと歌のオンパレードだった。

十二月三十一日（晴）

いよいよ十二月三十一日。今年最後の日の出を見に七デッキへと急いだ。ちょうど太陽が昇る瞬間だった。三、四枚シャッターを切った。

昨日は一日中ベッドの中。掃除もしていただかなかった。本当は今日も朝食後も休んでいたかったけれど、メルさんが掃除に来て下さったので、ライブラリーへ行って静かな時間を過した。一番落着く場所であった。

午後は三時から、映画「メッセージ・イン・ア・ボトル」を観た。この映画も親子と男と女の愛の物語であった。最近観るアメリカ映画は不思議と父と息子の愛の映画が多い。魂のふれあいを感じる。

夜は、夕食後、十時から間に三十分休んで、十二時半まで、カウントダウンパーティーがあった。入り口でカラフルな三角帽子とペンライトにクラッカーをいただき、歌や踊りの輪の中へ進む。

ものすごい賑わいの中、十二時ジャスト、盛り上りも頂点に達して、クス玉も割られた。

おめでとう、二〇〇〇年！　いよいよミレニアムの始まりだ。

第三章

一月一日は二回ある？

一月一日

生憎《あいにく》朝から雨。時々曇。六時十五分起床。身仕度をして、六時三十五分からの鏡割りに行った。小雨の中、もう割られていて、振る舞い酒が配られ、新年のご挨拶となった。朝食は白味噌仕立ての汁の中に紅白の小さなお餅が入っていた。数の子、煮〆等で、新年らしかった。

お昼過ぎ、お店の飛鳥コレクションで、三千円のテレフォンカードを買い、家に電話をしてみた。残念、留守番電話になっている。確か次男が帰る予定だったのに、寝ているのかしら？　日本との時差があるため、いつでもというわけにはいかないので、明日する事にしよう。

一月一日

世界の時刻をイギリスのグリニッジ天文台を通る子午線で東経・西経ゼロと決められ、ロンドンから東へ十五度行くごとに一時間ずつ時間が早くなり、西へ十五度行くごとに一時間遅くなる。東経・西経とも百八十度行ったところで両方がぶつかり、東経の方は半日早まり、西経の方は半日遅れ、一日の違いができて、そこが日付変更線となる。飛鳥は日付変更線上で世界で最も早い西暦二〇〇〇年を迎えた。そのまま日付変更線上を北上して次の日を迎え、また一月一日になった。

七時五分、七デッキのプロムナードで、日の出を見ることにした。残念ながら、水平線上に雲が出ていて瞬間は見られなかったが、暗い雲から、だいだい色へと刻々と変化していく雲間からピカッと朝日が差し出し、カメラを構える人たちの顔が、急に明るく照らされた。飛鳥船上からの感動的な初日の出を見る事ができ、とても満足。

午前中は、クイズ大会に参加したり、その後グランドホールの舞台裏の見学に参加。

華やかなショーの裏、狭い楽屋でドタバタと衣装替えをして、舞台に立った瞬間何事もなかったように歌い踊り、ハードな演技をしている。プロはやっぱりすごい。

昼食は、はじめての中華バイキングで、十二時前に行ったが、もう沢山の人で賑っていた。

揚げソバ、酢豚、甘酢づけ、スープといただき、デザートは、マンゴーゼリーと揚げもちなど、いっぱいあったけれど食べられない。いつも食事のときに思うが家にいて働いた後に、いただくのだったらどれほど美味しく感じる事でしょう……と。

午後一時より、リフレクソロジー教室に参加。足の裏のマッサージで、今日は、冷え症の人のためのマッサージを教わった。

足の裏は裏全体で身体のそれぞれの部位を表わしているとのことであった。親指が頭とみて、付け根が首で土踏まずのところが胃腸に当る内臓部分で、他に脊髄や腰などがあり、それぞれのところのマッサージとつぼの押し方などを教えてもらった。

午後四時前（日本時間お昼前）家に電話する。次男に通じて、ほっとした。新聞も断ってあって、テレビが壊れているようで見られないので寮に戻るよ、と言う。可哀想な事になってしまった。昔と違い今はお金さえあれば食べる事も楽しむ事も求めればできる時代だからと、思うようにした。どうしてテレビが壊れているのか分からない。二〇〇〇年問題か？　ただスイッチを切って来ただけなのにおかしいなあと思った。主人と交互に四、五分話をする。お互い元気でひと安心。その後七デッキのプロムナードを歩いた。京都のお姉さんが名刺を持って来て下さった。タミ枝さんだった。

飛鳥の専属歌姫のタミーシャフさんと同じですねと言って笑った。

五時四十分、ぼつぼつ太陽が沈む頃なので九デッキに行くと、空は茜色に染まり、あと少しで水平線に沈んでいくところだった。夕日を入れてパチリと一枚。三分くらいで急に雲が現れ、アッという間に雲間に隠れてしまった。

すぐに、洋服を着替えて夕食へ。今日も京都のご夫妻と同席させていただいた。八人用テーブルで七人となった。私の隣に横浜から来られた六十歳くらいの男性がお一人でいらっしゃった。どうも奥様を亡くされているご様子だった。今までで余り親しくなられた人もおられないようで、私達夫婦に食べ物の事や飛鳥の事をいろいろお話された。私達は常に聞き役で、食事が終って、別れてから主人に、「あの方、何んだかよく話されたね」と言うと、「寂しかったんじゃないの」と答えた。私も同感だった。夕食後、グランドホールでタミーシャフさんのコンサートを、たっぷり味わった。タミーシャフさんの友達男性歌手二人と、三人でのコンサートであった。

美空ひばりの「愛燦燦」「川の流れのように」や、「東京ブギウギ」など独特の節まわしの熱唱だった。

残念ながら、タミーシャフさんは、明後日ホノルルで下船されるとのことで今夜が最後のコンサート。七デッキのプロムナードをウォークマンをつけて速歩しているタミーシャフさん。あの素敵な笑顔ともお別れです。

一月二日（晴）

今日は目ざましを六時半にしておいた。七時からの気功に参加のためである。十デッキのフィットネスセンターで行われている。四十人近い人が参加していた。手や足や体全体をゆっくりほぐして行くものだった。

七時から七時四十分まで行われているが七時半頃、日の出を見るためスカイデッキのゴルフ練習場まで皆で出かけた。まもなく太陽が昇ってきた。水平線上に少し雲があったが、太陽の光が雲を押しのけアッという間にあたりをオレンジ色に染め昇ってしまった。空と海が輝き、素晴らしい一瞬のでき事で神々しさを感じた。思わず両手を合せ拝んでしまった。

朝食で埼玉から来られたご夫妻と初めて同席になった。さっぱりした奥さんで旅慣れておられて、お二人お揃いのアロハを着ていらっしゃって、とてもおしゃれで感じの良いご夫妻だった。

旅している時くらいは、少し派手な格好の方が素敵に思えた。九時からのハワイアンウォークラリーに参加。五デッキから十デッキまで、皆んなでワイワイガヤガヤと問題を探しながら楽しく歩いた。午後は足の裏マッサージの講習が最終回だったので参加した。終って歩くと足が軽かった。

少し時間があったので、妹や友達にハガキを書いた。そうこうしている内に夕食の時間になり、急いで着替えをして出かけた。

奥のテーブルに、京都の方がいらっしゃって、そこに入れていただいた。しばらくすると下関のご夫婦と北九州の昨夜お会いしたご夫婦もいらっしゃった。下関の人は人懐こいご夫婦で、奥さんはとてもお若く見えたが、小学校二年生のお孫さんがいらっしゃるとの事で驚いてしまった。いい雰囲気で食事ができて、楽しかった。明日はいよいよホノルルに到着予定だ。

船内もすっかり常夏ハワイの雰囲気に模様替えされていた。

一月三日

五時四十五分船内放送で、「オアフ島がうっすら前方に見えます」という事だった。空と海だけの毎日だったもので、変化があるとすごーく嬉しい。六時二十分起床。船長さんからの船内放送で、「右前方に、ダイヤモンドヘッドが見えてきました」との事。急いで十デッキに行った。

オアフ島の小高い山が見え中腹に動物や鳥を形どって電気が灯り、夜明け前の静けさの中で光っていた。思わずうあー、きれい！

時間の経過とともにダイヤモンドヘッドが明け方の澄んだ空に、くっきりと姿を現わした。飛行機の中からは見られない光景で素晴らしかった。日の出は雲が多く雲間から少しのぞいていたかと思ったら、すぐに雲の上まで昇ってしまった。朝日で輝く海上では、消防艇の歓迎の放水が行われ、ホノルルに近づくに従って、島の道路には車の数が増してきて次第に活気づいていく町の様子が肉眼でもはっきり見えるようになった。

　オアフ島に到着して、ここで下船される人、オプショナルツアーに行かれる人、五デッキでは、アメリカ入国検査があってざわついていた。飛鳥は有名なアロハタワーの前の岸壁に停泊した。船が着くと、岸壁ではフラダンスがいつまでも続き、拡声器では何回もアロハーと歓迎された。

　午後はバスで一時間くらいのポリネシア文化センターへ行った。ホノルルの反対側に当るところにあった。行く途中、日本人が経営しているらしい「のり子の店」で休憩をとってお土産を買う。黒さんごのネックレス三個と主人はアロハシャツ。少し買い過ぎた。目的地の文化センターとはサモア、ニュージーランド、フィジー、ハワイ、トンガ、タヒチ、マークサスといった島の家屋や生活文化を再現してあるところだった。ポリ（多く）、ネシア（島）という意味だ。センター内では、たて二十メートル、横三十メートルの画面での映画、エベレスト登頂への記録があり迫力充分だった。その他、フラダンスを習ったり、幾何学模様で色のコントラストが美しい昔の建物を見学したりしてディナーとなった。日本的な巻寿司や味噌汁、カニ、サシミ、大きなイチゴ、メロン、マンゴと何でもあった。イチゴなんか酸味もあり、日本で売られているものより自然に近いように感じた。

その後は、ポリネシアショーを見学。これがまた、すごい。野外ステージでスケールが大きく野球の観戦をするような感じだった。いろんな国の人が見学していた。

飛鳥乗船者にはＶＩＰ席が確保されていて、迫力満点のポリネシアの踊りが堪能できた。また、休憩時間には、パイナップルを半分にした中に角切りのパイナップルを入れ、その上にこんもりとアイスクリームがのせてあるものが出されたが余りにも大きく、美味しかったけれど残してしまった。バイキングと素敵なショーを見て、夢のようである。私はそう思うのだけれど、主人は、美味しいのか、楽しいのか、嫌いなのか、好きなのか、表現をはっきりしないので、少しイライラする。そんなこんなで夜少しいさかいを起こした。せっかくなのに、気まずい思いで寝る。でも寝つけなく明け方少しうとうとしたようだった。

一月四日 （晴）

九時三十分、シャトルバスで免税店ＤＦＳに行った。昨夜のこともあり少し不機嫌な私。

フェンディの素敵なスカーフがあったので、気晴らしに二枚買った。シャネルの口紅も日本で買うと高いので一本買った。一応色を試したのだけど、主人を待たせていると思うとゆっくり選べず買い物は一人でしたいと思った。

主人がハワイに来たのははじめてなもので、ワイキキの浜に行く事にした。お上りさんよろしくあっちこっちと見ながら二十分くらいかかって浜に着いた。カメハメハ大王像の前で記念に写真を撮ろうとしたら、日本の若いカップルが撮りましょうかと言ってくれたのでお互いに撮った。浜は少し工事していたので埃っぽく、主人の感動もいまひとつだったようだ。

昼食は飛鳥でとることにした。出かけている人も多く、カフェは少人数であった。

午後もせっかくだからとぶらっと出かけた。近くのお店でTシャツ三枚と木彫りの置物を買った。高さ二〇センチ足らずの原住民の人がお守りにしていた頭デッカチの人の形をした木彫りの置物は、主人がどうしても記念に一つ欲しいと言って買った物だった。ポリネシア文化センターで、木彫りの実演販売をしていたのでそこで買っておけば良かった。土産物店の木彫りは大量生産のもので残念。主人にとっては記念だからどちらでも良かったみたいだけど。

飛鳥は下船のとき必ず、乗船証をコンピューターにかけて出入りしなければならなかった。

夜は八時から映画「L・A・コンフィデンシャル」を観た。船の中とはとても思えない飛鳥の素敵なシアターで二時間二十分の犯人を追う警官物語に夢中になった。飛鳥に乗ったら映画をゆっくり観ようと決めていたので鑑賞できて嬉しい。

今夜も十二時、飛鳥は宝石のようにきらめいているホノルルの明かりに見送られて、静かに滑るようにオアフ島を後にした。

一月五日

夜明けと共に、マウイの島が見えてきた。

六時三十分起床。七時からの気功教室に参加。十時から、マウイ半日観光。

バス三台を連ねて海岸道路をマウイの島の形で頭と言われるところへと向う。左側にコバルトブルーの海。右に切り立った山と渓谷。吉本喜劇に出てくるようなおもしろいガイドのお兄さんの話をうわの空で聞きながら、右を見たり左を見たりの車中であった。このあたりはクジラが出産に来るところで、十二月から四月頃までがその時期で見えるからとの事。目を凝らして見ていたが、とうとう見る事はできなかった。島の首あたりから鼻、アゴへとはポッポ汽車で砂糖キビ畑をひと廻り、途中広大なグリーンの美しいゴルフ場を横切ったり

鉄橋を渡ったり、遠く彼方に紺碧の海とリゾートホテルの白い建物。素晴らしいロケーションであった。主人曰く、

「こんなところでゴルフをやりたい」

と珍しく熱く興奮していた。

次にクジラ博物館へ。そこは、ビーチへと続く高級リゾートであった。世界のブランド店が立ち並ぶ中を通り抜け海の見えるレストランへ、そこで昼食。おにぎり二個とシーラーの照り焼き風のものにレモン、それにマカロニーとセロリーなどのマヨネーズあえ。日本人好みの味でとても美味しかった。デザートもアイスクリームが出て満足した。

免税店のＤＦＳでポロのベージュのマフラーが見つかり、お土産に買った。

バスはマウイ島の頭に当るイアオ・ニードル（針の山）へと進んだ。まわりの渓谷はシャープで雨が多いため緑の美しい山々で神秘的。

次に、ハワイ諸島の中で一番はじめに栄えた町へと進んだ。クジラ漁港があり、ちょうどカジキマグロの大きいのが獲れて船にぶらさげてあるのが見えた。

今は沖へクジラを見にいく船などがあり観光地になっているとの事。漁港の近くに珍しい見事なバニアンツリーの木があった。ものすごい大木であった。枝がのびたところから根が下りて、その根が束になり幹になっていく木なので、何本もの木が連なって鎮守の森のようになっていた。

マウイ島は夜十一時出航であった。十二時から二時くらいの間は、島と島の間を通るため船が揺れるとのことで、酔い止めの薬を飲んで寝ることにした。

一月六日　（きまぐれ天気で晴・雨・晴・曇り）

六時三十分起床。七時からの気功に参加できて嬉しい。朝食を済ませてまもなく九時、飛鳥はハワイ島に到着。歓迎のフラダンスを見学に行こうと思ったら、雨が降っていて、船首のあたりに、虹を発見。七色のアーチで飛鳥を迎えてくれた。あんなに近くに虹を見たのは、はじめてであった。しばらくすると二重にまたうっすら三重にもなって、見事であった。少し蒸し暑い。

十時からはハワイ島半日観光に出かけた。

昔栄えたヒロの街も今は貸店舗がチラホラあった。アメリカ本土は好景気なのに……。バスを降りてヒロの街を散策。寂れているように感じた。途中また、雨が降り出した。ヤシの木の下で休む。木には数個のヤシの実がなっていて、風に吹かれて落ちて来たら大変、当たったら死んでしまうかもねと言いながら皆がバスに帰って来るのを待った。雨の中レインボー滝を見学した。遠く霧の中に白く一本の太い筋となって音もなく落ちる滝は周囲の景色と共に情緒があった。足元はびしょ濡れだったものの見に行って良かった。

次はフラワーガーデンへと案内された。幌馬車のような乗り物に乗って園内を一周。中国人のガイドさんで、話し方がおもしろく楽しかった。アンスリュウム、ストレッチャーとかパンの木やアボカドもあり実も沢山なっていた。ハイビスカスも種類が多いのとジンジャーの大木とそれに似合った大きなショッキングピンクの見事な花も強烈であった。

バスはフラワーガーデンを後に、ハワイ最大のショッピングセンターへと向った。

コーヒーやジャーキー等のお土産を買った。

「これで大体お土産も買えたね」

とほっとした。

三時過ぎに飛鳥に帰ってきた。

旅行中にはがき絵を描こうと道具類を持ってきたのに、今まで船酔いばかりで描けなかったので、ベランダからの景色とヒロの街のヤシの木の下で見つけた黄色い小花を描いた。空と海だけの景色は難しかった。

夕方六時、飛鳥はハワイ島を後にカウアイ島に向けて出航した。ハワイ四島のはしから端にあたるハワイ島からカウアイ島には明日十二時頃着とのことだった。

一月七日（晴）

十二時前にカウアイ島のナウリウリ入港。

港に入るまでは、うねりがものすごく船は揺れた。七時気功に行った。揺れがひどいためメニューは飛ばしとばしになった。七時二十分くらいに太陽が水平線上に顔をのぞかせた。皆んなカメラを持って外に出た。暑くも寒くもなく心地よい陽気であった。

カウアイ島の奇怪な形の山々が朝日を受けて濃淡の美しい緑色を現わした。船長さんからの放送で、ナウリウリの美しい港をご覧下さいとのことだった。港に入るまでの荒い海と違い、静かな碧い水面に浮ぶ白いヨット、港を囲む緑の山々のコントラストが素晴しく、今まで立ち寄った港と雰囲気が違った。

一時からはオプショナルツアーに参加して、ワイメヤ渓谷へと向った。途中潮吹き岩を見学、以前来たところであった。カメラを構えて波が押し寄せてくるのを待った。大波が来るとゴーと音をたてて、ものすごい勢いで岩間から潮を吹き上げた。シャッタータイミングが難しかったが、何枚か撮れた。

そこから渓谷までは一時間半くらいかかった。盛んだった頃のさとうきび畑の跡地が雑草に覆われていた。時代を感じさせるところだった。コーヒー畑も少しあったり、モンキーポットの赤い色やプルメリアの白い花、黄色い花も咲いていていて目を楽しませてくれた。カウアイ島は佐渡ケ島より少し小さい島だそうで、ハワイの島々の中では一番古い島とのことだった。また、美しい島で気持が柔いだ。ハワイ諸島はどの島も十二月から四月頃までは雨季で緑が豊かであった。

ワイメヤ渓谷は千百メートルのところにあった。デップリ太った女性の運転手さんだったが、くねった道路をスピードも出しながら上手に運転してくれた。ワイメヤ渓谷もガイドさんの話によれば、雨季の今はよくガスで見えなかったり、降られたりするのだけど、今日は運がいいですね、青空で素晴らしい眺めです、とのこと。風は強かったがちょうど前方に虹が現れ、シャッターチャンスだった。

少し寒いくらいで、見晴らし台のところではお店はなく、お手洗いだけがあった。手入れが行き届いていて気持良いところだったのでほっとした。

帰りは、やはり観光めぐりのコースの一つであるお土産物屋さんでひと休み。もう充分と思いながら、見るとまた、クッキーと植木とネックレスを買ってしまった。ネックレスは百十五ドルを税なしの百ドルにして、イヤリングもおつけしますなんて言われて買ってしまった。もうこれで満足、お土産も買えたしとほっと一息。五時きっかりにバスは飛鳥に帰ってきた。それから一時間後の六時、飛鳥は鳴り響くドラの中、ナウリウリの港を後にした。いよいよ帰路だ。神戸をめざして十日間の海の旅。只今十時、主人はバスの旅の疲れか寝息をたてている。

一月八日

六時起床。七時からの気功教室に参加。九時から待望のマジック教室に参加。難しいようで簡単なのに、さてやってみるとそれがまた難しい。マジシャンの斉川さんはハンサムで好青年であった。わかり易く教えて下さった。

夕食後は「古今亭志ん弥」さんの落語。

テレビやラジオで落語を聞いたりするけど、眼前での噺は初めてで、久し振りに大笑いをした。主人も楽しそうだった。三時頃交換台を通じて長男から電話がありびっくりした。日本を発って二十日近くなり少々疲れも出ていて元気がなくなっていたけど、主人と交互に、あれもこれもと話がなかなかつきず、なんだか元気が出てきた。あー良かった。

一月九日（曇りのち雨）

終日海と空が見えるだけ、航海中たまにアルバトロスが飛鳥と一緒に飛んでいてニュースになるくらい。

九時からの手品の講習に参加。復習で前に出てやらされた。そのような場面ではいつもドキドキする。やっぱり少しひっかかってしまった。次男は私が下手なマジックでもやると大喜びするので、しっかりおぼえて帰ろうと思った。乗船する前から習ってくるからと期待させておいたから。手品が次男へのお土産だ。

その後十時から、機関長の脇屋さんのよもやま話を聞いた。船で働く異国の人達がどのようにして飛鳥で働いてられるのかよく理解できた。脇屋さんはとても温厚な感じのする方で、従業員の人達——主にフィリピンの人を教育されていたとのこと。さすがと思った。

午後は足の裏マッサージ教室に行った。落語家の志ん弥さんもいらっしゃって、いつもより賑やかだった。志ん弥さんは腰痛らしかったので仕事柄かなと思った。

二時から映画「カサブランカ」を鑑賞。

何回も観ている映画だったが、ため息の出るほど若く美しいバーグマンがしばらく頭から離れなかった。

一月十日（雨後曇り）

昨夜早く寝たので五時半に目がさめた。

一時間、時間が戻ったためゆっくり寝た。五時半から一時間また寝てしまった。船酔のトラベルミンを飲むからよく眠るけど、起きているときも常時眠気がする。昨夜から今日にかけて飛鳥は、かつてない揺れだった。廊下を歩く時も手すりを持たなければよろけてしまう。コーナーに置いてある観用植物がひっくり返ったり、飾り物がひっくり返ったり、部屋では主人の湯ざましの湯飲みが、ベッドの上まで飛んできてベッドを濡らして大騒ぎをした。

大揺れだったけど、身体の方は大丈夫で助かった。

九時からクイズ大会に参加。四人ずつのグループに別れ行われた。グループに名前を付けることになって、主人と私と他の男性二人が組となったので、女性の私が名付け親になり、グループ名をハイビスカスとした。飛鳥ではいろんなゲームが行われ参加したが、はじめて二位になった。景品は飛鳥ブランドのキーホルダーを頂いた。

昼食を早めにして一時からの足裏マッサージ教室に参加。その後一時間ほど昼寝をする。酔止めを飲むから常に眠い。

四時十五分からはマジック教室へと結構忙しい。マジックはハンカチ三枚を使ったものだった。やるのは易しいけれど、それをスムーズに人前で行なうとなると難しいものだった。先生に指名され、皆さんの前でやってみたが、ぎこちなく先生に助けていただいてなんとかやれた。

いよいよ帰り支度。荷造用のダンボールをコンファレンス室へ買いに行った。お土産が増えた分、二ケースくらい必要かなと思い、一個三百円を二個買った。

夕食は八デッキの外で行われる予定が雨のため船内で行われた。太巻寿司、冷奴、サラダ、わんこそば、揚げ物、デザート類と盛り沢山のお料理が出た。主人は、お腹八分目くらいにしておいたからと、部屋に戻って来て、プロティーン団子を食べていた。

その後九時からスカイデッキで、航海士と星を楽しむ会があった。真暗の中雨上がりのすっきりした星空には銀河があり、オリオン座、双子座、カシオペア座とか、北極星に木星、こんな無数の星を見たことがない。太平洋のド真中、どこを見ても闇。空にだけ星が輝いているなんてものすごーくロマンチックだった。

第四章 人生をエンジョイする

一月十二日

昨日、日付変更線を通過し一月一日が二日あったため、一月十一日はスキップした。

六時三十分起床。昨日来の大揺れが尾をひいているわりには、体調が良く気功教室へ。気功途中だったけど、感動的な日の出だったもので皆で外に出てカメラに納めた。早起きして良かった！

九時からマジック教室に参加。今日は三本のひもを使ってするものだった。このマジックは今までで一番好きになれそうだった。

昼食は、トンカツカレーで結構量が多かったけれど食欲があって全部食べられた。主人がよく食べるねーというような顔をしていた。

帰る間際になって、ようやく船に慣れて来たのか調子が良く、いろんな催しに参加できて楽しくなってきた。

午後一時からは足の裏マッサージ教室へ参加。

二時からは、私は料理教室でシェフの方からパスタの作り方を教わった。ミニトマトを乾燥させたものを使ってのパスタと、イカとかエビを使った海鮮パスタの二種類だった。最後に二種類をミックスしたものを小皿で試食させていただいた。チーズも立派で直径二〜三十センチ、高さ二十センチくらいの円形で、中心から削ってあり鉢のようになってその内側から削り落したもので、一流のレストランでいただくような感じだった。昼食トンカツカレーを食べたのに少しとはいえ美味しかったので全部いただいた。

早く終わったので、、主人が参加しているロープの結び方講習のところへ行ったら、主人が一生懸命やっていたので声をかけずに、反対側のプロムナードデッキに出て少し歩いた。

三時からは、何回か参加できた足の裏マッサージを先生にやっていただこうと予約してあったもので、主人と十デッキの先生の部屋まで出かけた。私はどうも人に足を触られるのが嫌で気が進まなかったけれど、主人が、

「どんなものかやってもらった方がいいんじゃないの」と言うものでしぶしぶついて行った。最初に主人が三十分、足洗いから始まって、ベッドに横たわり丁寧にマッサージされた。少し肩とか凝っていませんかとか聞かれていた。マッサージが終わるとハーブティーがとてもいいのですよとおっしゃって、それをいただいた。

次に私の番になり、順序は同じようにもんでやっていただいたのだけれど、先生が奥さんの方がものすごくストレスを受けていますねと言われた。マッサージをやっていただかないといけないのは、私の方だったみたい。

今夜は、マスカレード・カジノだった。沢山の人が仮装してディナーにいらっしゃった。おもしろいものやひょうきんなもの、ウェディングドレスを着ていたりで賑った。

夕食後はグランドホールで、カジノだった。一人一枚のチケットが渡され、コイン二〇枚と交換できて遊べる。船長コーナー、副船長コーナー、機関長コーナー等、それぞれにいろんなゲームができるようになっていてどこも人盛りがしている。とりわけ少ない船長コーナーに行った。トランプゲームだった。後方の席で様子を見ていた主人もやって来て教えてくれた。私はコインがなくなるとおもしろくないと思って少しずつかけていたら、主人が五枚か十枚ずつコインをかけた方が負けても勝っても楽しいからと言ってくれたのでそうすることにした。夢中になっていたらあっという間に時間が過ぎて終了。お陰で最終的には手持全部かけて六十八枚のコインになった。夢中になって楽しんだ。

カジノが終ってすぐ映画を観に行った。

「シェルプールの雨傘」という昔の映画だった。ミュージカルだったもので会話に慣れるまで時間がかかったのは齢のせいかな？　価値観や生き方の対称的な男女を描いたもので、ラストシーンは感動した。

カトリーヌ・ドヌーブが美しかった！

一月十三日

飛鳥は西へ西へと日本に向っている。

今朝は雲が多く、残念ながら日の出は見られない。十時頃七デッキプロムナードを歩いていると水平線の向こうに虹を発見。嬉しい！

有難いことに今日も気功に行けた。

朝食後マジック教室に参加。ひもとハンカチ二枚を使ってのもので復習だった。いろいろ教えていただいて大分できるようになった。帰ってからが楽しみである。

昼食はデッキランチ。八デッキに焼ソバ、ステーキ、お好み焼き、揚げ物、お寿司等盛り沢山の食べ物が並び、生バンドの賑やかな音楽ときらめく海と青い空の間での食事となった。あー贅沢三昧。

食後はゲーム遊びで童心に返った。

午後は一時十五分よりシアターで落語の楽しみ方を志ん弥さんが話して下さった。タイコのならし方や扇子の使い方、修業のことなど。タイコは始まりはオイデオイデというリズム、終了の時はデテイケ、デテイケというリズムだそうで、何気なく聞いているタイコの意味がわかり楽しかった。

最後に、人情小噺をひとつ「八さん、熊さん」の鶴の噺を聞いた。さすがに上手。ほろっとした。

その後、マジックの復習に参加して部屋に戻ろうとしたら、松戸の方に声をかけられ、シャッフルボード大会へ誘われ参加。ところが急に雨になり中断。中では午後の気功教室が始まっていたので、雨が上がるまで、気功をやった。

三十分くらいしたら雨も上がり試合開始。

四人ずつのグループでの試合。二回やっての合計点。一回目勝ったけれど二回目逆転負けで、結局一回で終り。見学していたら海の向こうに大きな虹を発見。この旅行中はよく虹が見えた。飛鳥が太平洋一人じめのときは、宇宙の大きさ広さに感動した。虹をバックに写真屋さんに写真を撮ってもらった。

夕食は中華であった。気分が少しパッとしなかったけれどショーを見に行った。高橋伸寿さんのこれはまたすごい、六十歳を越えているとは思えない熱唱で気分の悪いのが吹っ飛んでしまった。

一月十四日

朝五時起床。今日も気功に参加できて嬉しい。

九時から紙ヒコーキ飛ばし大会参加。一枚の紙で自由に作っての飛ばし合いだった。切ったり破ったりしてはいけないもので折るだけの方法だった。

主人は手の込んだ物を作るけど、いざ飛ばそうとすると余り飛ばなかった。私は全然ダメだった。練習の時は、スーと飛んだのに、本番になると上がったと思ったら、目の前にストンと落ちて残念。子どもに返ったように楽しかった。

今日も行事が盛り沢山で、その後グランドホールで（財）日本証券経済研究所の紺谷典子氏の講演を聞く。「視点を変えれば明るい日本が見えてくる」という題であった。まあ次から次へと政治の事をよく話された。少し頭がボーとしていて本筋がわからなかった。

夕食後は、志ん弥さんの落語。人情噺でほろっとさせられた。心から楽しませていただいた。

今夜も一時間遅らすことになっていよいよ日本時間と同じになった。

一月十五日（晴）

昨夜は余り寝られずすっきりしない。三時に起きてそのままになってしまった。

酔止め薬を飲むからかな？　それでも気功に行けた。朝食後、輪投げ大会に参加。朝が早かったわりには勘が冴えていた。主人より良くて五位。その後続けてグランドホールで競馬ゲームに参加。主人が勝馬を当てて、飛鳥のロゴマーク入りの素敵な袋を頂く。

午後主人はのんびりと税関に申告する土産物をチェックしていた。私ははじめての手芸教室に出かけた。「フォーマルパレッタ作り」で、材料は揃えられて簡単に作れる髪飾りだった。行ったと思ったらすぐ部屋に帰ったので主人が「何だ、もうできたの」と驚いた。

頭をすっきりさせたいので、二人で十デッキへお茶タイムに出かけ、熱いほうじ茶をいただいた。

旅も余すところ三日となった。

乗船中お世話になった客室メイドのメルさんに気持だけのお礼をした。とても思いやりがあって、親しみを感じていたもので、何かせずにはいられない気持にさせられた。フィリピン人のメルさんに心より感謝。

今夜もフルコースとショーであった。

ショーは、飛鳥プロダクションキャストが繰り広げるレビューショーで色鮮やかな衣装で賑やかだった。毎日が夢かまぼろしを見ているような感じ。

一月十六日（雨のち晴）

六時起床。少し降っているような空模様。

日の出は無理。今日も気功に行けた。嬉しい。

九時からのクイズに参加。ちょっとひねくった問題のようだった。おしいところが多く残念。次はビンゴゲームに参加。これもなかなか当らない。食事の時同席になった松戸のご夫婦は一位と二位で大当り。

昼食は、ラーメンにした。肉まんつき。果物も自由にいただけるもの。

いつも通り一時から、足の裏マッサージへ。その後シャッフルボードに参加。

二回目の今日もいいところまでは行くけれど残念。プロムナードを散歩。遠くに漁船のようなものが小さく五隻、波の間に見え隠れしている。日本に近づいてきたのを感じた。

一月十七日

朝九時、神戸港入港。夜明け前には、紀伊半島や室戸岬の明かりが遠く闇の中に見えていた。いよいよ日本に到着だ。五年前の今日この時間、神戸の街は地震が起きて一大惨事であった。あの日の様子はテレビで分かった。今日海の上から見た神戸は近代都市神戸と映ったが、そこで生活されている人達には、まだまだ心の傷は深いことでしょう。今朝神戸に着くということがなんだか不思議な気がした。近代都市には映ったが、横浜に比べたら心なしか寂しく感じた。

いよいよ日本到着だ。旅も終わりとなると、長かったようだが、今となっては名残おしい。勝手なもので、十日目くらいの体調の悪いときは、ハワイから飛行機で帰国される人もおられると聞き、帰れるものならそうしたいと思った時期もあったのに、今はもう少し乗っていたい気持。

仲良くさせていただいた京都のお姉さんのようなご夫妻や福岡のご夫妻ともお別れです。福岡のご夫妻は、大の旅行好きで、人が余り行かない国への旅がとくにお好きとのこと。今度、アンデスへ行くから一緒に行きましょうと皆を誘ってくれたり、外国での買物のコツを面白く細やかに教えて下さって、値切るには「マイフレンド、マイフレンド」とにこやかに言うとか、いつも楽しませて下さった。両ご夫妻共神戸での下船で急に寂しくなった。

明日はいよいよ飛鳥とのお別れです。

一月十八日（晴）

今の時期にしては、暖かく気持が良い。夜明けとともに伊豆諸島が見えてきた。最後の気功に参加した。

船酔がなければ、もっとしっかりマスターできていたのに残念。背が高くて、とってもスマートな気功の先生ともお別れだ。

大島をずーと左に飛鳥は東京湾を目指した。荷物を部屋の前に出し、早目に下船の用意はできた。右に左に陸が見え、うっすら左の空に富士山の頭だけが見えた。主人が教えてくれなかったら、雲と間違えるくらいのものだった。東京湾に入ると、主人は地元に帰って来たものだから、三浦半島の山や建物をまわりにいる人達に説明した。城ケ島、観音崎灯台、横須賀から追浜、それに八景島、小高い山の上には横浜プリンスホテル、根岸の工業地帯を左に、飛鳥はゆっくり横浜新港をめざした。

東京湾に入ると、急に船が多くなった。貨物船、漁船、大小入り混じっている。漁船が急に飛鳥の前を横切った。飛鳥の警笛がボーと鳴り響く。違反行為だったのかな？　陸も海も交通渋滞だなーと思った。

いよいよ横浜港だ。ベイブリッジをくぐりぬけると目の前にはランドマークタワーやコンチネンタルホテル、世界一と言われていた観覧車が見えてきた。横浜はすごい！　主人が神戸よりやっぱり横浜の方がいいねと言いながら、写真をパチリパチリと撮った。私もこの旅では思う存分カメラで撮って満足。

十二時前に横浜新港に入港。お昼を済ませ、急いで七デッキのプロムナードへ、横浜消防艇が歓迎の放水をしてくれた。

放水はキラキラと輝き、その中にはだんだんと虹が浮かび上がった。ワーきれい！

沢山の思い出を胸に秘めて、無事帰って来た喜びで、気分も最高となった。

一時半から下船がはじまった。スタッフの方々のお見送りを受けて飛鳥ともお別れだ。二十八日ぶりに日本の感触をかみしめながら家路に着いた。

あとがき

この旅行記は、三年前からの計画が実現して憧れの〝飛鳥〟に乗船した時の日記をもとに書いたものです。

ここまで来られたのは、嘱託として勤めていた主人を会社の皆様が暖かい心のご理解とご協力で支えて下さったお陰と、家族の支えがあったからです。

あらためてここで感謝とお礼を申し上げます。

いろいろあって、出発前から何か記念に残る事を書いておこうと考えておりました。それが本格的な「本」になるとは思ってもみなかったことです。朝日新聞の広告で、「あなたの文を本にしませんか」という記事が目にとまり、試しにと思って広告主の文芸社さんに原稿を送ったのです。そうしましたら文芸社さんから返事がきて、こういう方法だったら本にできるとのこと。また、原稿を読んだ感想文を送っていただき、感動してしまいました。平凡な主婦の日記が本になるなんて、興奮のあまり子供たちにすぐ電話をしてしまいました。

あとから大変な事になったなあーと思いました。

自分の書いた文を思い浮かべてみて、表現の仕方や文章のことも気になり、だんだんと不安になってきました。ところが子供たちは「すごいね、いいじゃないの」、本にしたらと応援してくれたのです。主人も「記念になるからやってみれば」と、賛成してくれて、少しずつ前向きに考えられるようになりました。それでも決断するまで少し時間がかかりました。

これだけのお金があれば、またすぐにでも〝飛鳥〟に乗りたいと想っている主人の願いが叶うのに……。

でもこんな機会は絶対と言い切れるくらい二度と来ないと思い直し、清水の舞台から飛び降りるような心境で、文芸社さんに詳しいことを問い合わせ、見積りしていただき、出版することをお願いしたのが五月末の事でありました。

出版するにあたりご協力いただいた緒方様や、旅行のことでお世話になった日本旅行横浜支店の小林様に、この場を借りて心よりお礼申し上げます。

それから三カ月後に初校が届きました。ことのほか残暑の厳しい八月下旬の事でした。

初校を読みながら忘れかけていた旅の事を懐かしく思い出し、あーあの時はタイタニックの映画も記憶に新しいし、二〇〇〇年問題のことも不安で、出発までは口に出すこともできませんでしたが、今となっては笑い話です。

船酔いも帰路は少なく、身体も慣れたのかいろいろな行事に参加できて楽しめました。またの機会に船旅するようなことがあったら、もっと楽しめそうです。

いま、退職後間もない主人は、初校の校正に協力して、インターネットで情報を集めたり、問い合わせをしたりと助けてくれます。そんな主人がこの先また〝飛鳥〟に乗らないかと言ってくれたら「乗りたいですねぇ」と応えよう。

今回、飛鳥の参加者の中には、もう何百日も飛鳥に乗船した人や、リピーターが多くいたことでも分かりましたが、一度乗船したらまた乗りたいなあーという気持にさせられる魅力が〝飛鳥〟にはあるのです。

中身共々ポケットに、スーと入ってしまうような本ですが、読んで下さった中の一人でも多くの方の夢が膨らんでくれますようにと祈りながら……。

最後に出版にあたり大変お世話になった文芸社の田中大晶様、編集の担当をしていただきいろいろアドバイスして下さった中村美和子様には大変お世話になりました。

ありがとうございました。心より御礼申し上げます。

小崎　春枝

二〇〇〇年八月

著者プロフィール

小崎春枝（こさき　はるえ）

昭和16年滋賀県で生まれる。
現在神奈川県逗子市在住。
35年間華道一筋。
趣味のはがき絵も楽しむ。

身《み》も心《こころ》も酔《よ》って飛鳥二十八日間《あすかにじゅうはちにちかん》の旅《たび》

2000年11月1日　初版第1刷発行

著　者　小崎春枝
発行者　瓜谷綱延
発行所　株式会社文芸社
〒112-0004　東京都文京区後楽2－23－12
電話03-3814-1177（代表）
03-3814-2455（営業）
振替00190-8-728265

印刷所　株式会社平河工業社

乱丁・落丁本はお取り替えします。
ISBN4-8355-0919-6 C0095